AF193955

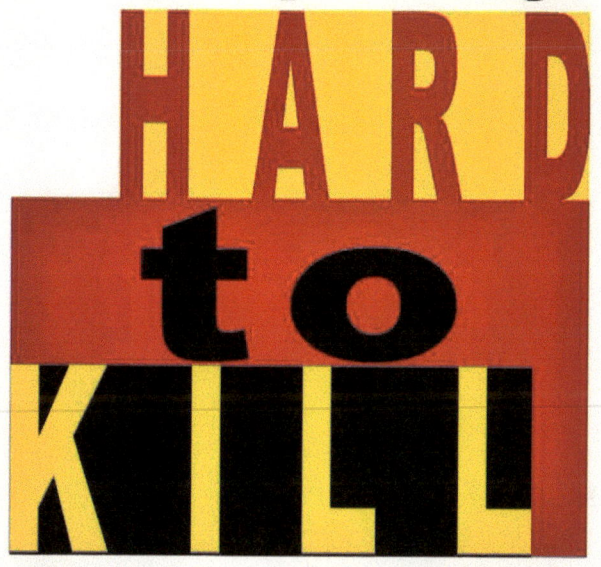

pit vogt

HARD to KILL

texte

3

Idee, Design & Layout: P i T

Alle Texte sind frei erfunden

Impressum

Herstellung und Verlag:
BoD - Books on Demand, Norderstedt
ISBN 978-3-7528-3089-7

© 2018

4

6   Warum umarme ich dich
7   2 Minuten Ewigkeit
8   Augen von Auschwitz
9   Asche und Rauch
10   Schwarz und Weiß
11   Die Frau an der Grenze
13   Draußen
15   Spiegelbild
17   Gegensätze
20   Das Kind
21   Evolution
24   Fahrstuhlstopp
26   Betruchtung
28   Die Wärterin
30   Annäherung
34   Am Fenster
35   Eine Frau
38   Der Mann im Wald
41   Ziellos
42   Schwarzweißer Bär
44   Der Terrorist
47   Geheimbund
48   Die Fremden
49   Das bisschen Leben
51   Kein Gott
52   Der Obdachlose
54   Die Kinder des Krieges
56   Mond-Wind
58   Der Trinker
60   Meinung
62   Die Bank im Wald
63   Am Grab
64   Oft
65   Besuch
67   Ein Schicksal
70   Ein Junge
73   Da draußen
76   Der Stieglitz
78   Die Herde

Warum umarme ich dich?

Weil du so schön bist?
Weil du so toll sprichst?
Weil du immer satt bist?
Weil du immer lachst?
Weil du so reich bist?
Weil du so einen tollen Job hast?
Weil du ein toller Sprinter bist?
Weil du einen Super-Sportwagen fährst?
Weil du eine Millionenvilla hast?
Weil du dich im Leben immer oben bist?
Weil du dir aus anderen nicht viel machst?

Nein!

Weil du so viel Schlimmes erlebt hast!
Weil du oft geweint hast!
Weil du so allein dich fühlst!
Weil du deine Mama so liebst!
Weil du so viel verloren hast!
Weil du so arm bist!
Weil du nicht gesund bist!
Weil du etwas tust, was den Menschen hilft!
Weil du an Krücken laufen musst!
Weil du im betreuten Wohnen lebst!
Weil du so viel Menschliches sagst!
Weil du noch ehrlich lachen kannst!
Weil du dich über Kleinigkeiten freuen kannst!
Weil du ein Mensch bist!

Darum umarme ich dich!

2 Minuten Ewigkeit

Bei allem, was mich je erschüttert
Ist's diese eine Szene nur
Gedenken an so viele Mütter
An die Familien, tot, zersplittert
Nur zwei Minuten
Auf der Uhr

In Israel ist's ewig während
Wenn die Sirene lautstark schweigt
Für 2 Minuten nichts erklärend
Für 2 Minuten lebend sterbend
Und Deutschland scheint so nah
So weit

Es sind Millionen, die gestorben
Sind tot, erschossen und vergast
Warum nur all dies viele Morden
Ist man als Mensch kein Mensch geworden
Warum hat man so sehr gehasst

Ich komme auf die Antwort nimmer
Ich steh nur 2 Minuten still
In Israel, in meinem Zimmer
Wird manche Stunde schlimm
Und schlimmer
Weil ich es spür
Weil ich es will

Bei allem, was mich je erschaudert
Sind 2 Minuten Trauer, Ruh
Das Tiefste, was die Seel vermauert
Minutensang, der ewig dauert
Und ich verneig mich still dazu

Augen von Auschwitz

Zwei Augen schauen ernst und wach
Sind stark, voll Kraft und Wärme, ja
Sie sagen mir:
Ich bin nicht schwach
Ich bin noch da
Ich lieb den Tag
Doch wissen sie, was einst geschah

Was sahen diese Augen wohl
Ich weiß es nicht
Ich schweig
Und schweig
Sie waren jung
Sind wundervoll
Beinahe kalt und starr und hohl
Sie sahen Auschwitz, Tod und Leid

Lang schauen mich die Augen an
Und schweifen fort
Und leben jetzt
Sie sahen einst ein schlimmes Land
Sie sahen viel
Den Weltenbrand
Sind voller Träume
Und verletzt

Asche und Rauch

Das Land verirrt in Lügen sich
Versprochen wird viel
So viel
Die Wolken jagen fürchterlich
Dieses Land blutet widerlich
Alles bald ein wüstes Feuerspiel

Dies Land verfängt in Netzen sich
Die Wege sind starr
So starr
Alles wird gut wohl angeblich
Sagen die da oben
Widerlich
Der Rauch finstert
Was einmal klar

Das Land stöhnt so mörderisch
Alles ätzt dahin
Dahin
Nirgends bleibt auch nur ein Licht
Doch ich find es sicherlich
Vielleicht auch einen neuen
Lebenssinn

Dies Land bricht im Feuer sich
Asche bleibt übrig noch
Immer noch
Ein Spalt Hoffnung, hoffentlich
In dunkler Nacht, wie wunderlich
Asche und Rauch verfliegen bald
Doch

Schwarz und Weiß

Schwarz und Weiß
Dies eine Leben
Gibt´s ein anderes – *no way*
Schwarz und Weiß
Wohl auch für jeden
Ward nur „Bunt" des Menschen Streben
Ist´s nicht gut
Und nicht o.k.

Schwarz und Weiß
Manch´ Traum in Nächten
Angst und Freude immerzu
Dass die mir was Gutes brächten
Dass sie mir das Böse ächten
Doch nicht immer ist nur Ruh

Schwarz und Weiß
Es geht nicht ohne
Denn das Leben ist kein Stein
Dass sich alles Dasein lohne
Dass ich mich niemals verschone
Schwarz und Weiß
So soll es sein

Die Frau an der Grenze

Tagtäglich ist sie unterwegs
Sie ist noch jung, scheint doch so alt
Mit scharfem Auge wacht sie stets
Auf schmalem Pfad
Nach vorne geht's
Am Felsen und tief drin im Wald

Die Grenze zieht sich ewig hin
Da, Nordkorea, gar nicht weit
Warum die Grenze
Welcher Sinn
Sie schaut nach drüben traurig hin
Und es vergeht die Zeit
Die Zeit

Sie muntert die Soldaten auf
Die warten schon an ihrem Platz
Mit ihrem Pickup fährt sie rauf
Auf manchen Felsen
Obendrauf
Dies weite Land
Was für ein Schatz

Und manchmal weint sie einfach so
Die Grenze ist so mörderisch
In Süd und Nord ist man nicht froh
Konflikte gibt es einfach so
Nur Schweigen, Tränen
Lediglich

Ich seh sie lachen irgendwann
Als sie vom fernen Frieden spricht
Mit ihrem Pickup fährt sie dann
Den nächsten Stützpunkt leise an
Und ihre Hoffnung nie erlischt

Ich schau nach Norden
Greifbar nah
Versteh nicht deren Wut und Hass
Es sind doch Brüder
Schwestern gar
Sie sind doch eins
Das ist doch klar
Ein lauer Wind streicht übers Gras

Doch dann muss sie schon wieder fort
Ich wink ihr noch
Sie schaut zurück
Was für ein rätselhafter Ort
Die starke Frau mit starkem Wort
Und sie fährt runter
Dann hinauf

Draußen

Draußen irgendwo im Lande
Wo die Einsamkeit behänd
Wo die Nächte kühl im Sande
Dort an jenem Weltenrande
Sind manch' Träume nah und fremd

Spür die Jahre, die vergangen
Die noch immer tief in mir
Hör die Songs, die wir einst sangen
Ach, noch immer pulst Verlangen
Ach, noch immer nagt die Gier

Übern Horizont die Blicke
Durch die Ebene, die weit
Mager meine großen Schritte
Und im Hirn schmilzt eine Bitte:
Nie mehr tragen altes Leid

Doch der Wind verweht die Nächte
Er verweht manch' Hoffnung schnell
Dass er mir was Neues brächte
Dass er nimmt die Wut, die Schwäche
Dass er macht dies Leben hell

Eine Antwort gibt es nimmer
Nur ein Schweigen flieht durchs Tal
Bis zum morgendlichen Schimmer
Nach der Nacht
Nach dem Gewimmer
Schwingt mein Traum noch allemal

Draußen irgendwo im Lande
Nimmt der Wind mich mit sich mit
Meine Spur verweht im Sande
Hier an jenem Weltenrande
Leb ich meinen Traum, mein Lied

Spiegelbild

„Nein, nein", sagst du, *„ich bin nicht gut"*
In jener trüben Winternacht
Ich schau dich an
Du hast doch Mut
Warum denkst du, du seist nicht gut
Du hast doch gar nichts falschgemacht

Du schweigst und schaust mich traurig an
Ich fühl auch Tränen auf dem Kinn
Was für ein netter, stolzer Mann
Ich schau dich immer wieder an
Ich weiß, dein Leben hat doch Sinn

Du frierst in jener Hütt´ im Wald
Ich denk an all die Zeit zurück
Als man noch jung und gar nicht alt
So mancher Tag ward ziemlich kalt
Wie heute Nacht
Ist da auch Glück

Ich lächle und ich schau hinaus
Nein, nein, ich geb bestimmt nicht auf
In diesem winzgen Försterhaus
Sieht alles so viel anders aus
Ein Leben birgt manch´ Dauerlauf

Ich weiß genau:
Ja, ich bin gut
Verändern werd ich mich vielleicht
Ich lebe und ich habe Mut
In mir pulsiert noch immer Blut
Wenn auch die Zeit vorüber schleicht

Du schaust mich an und nickst mir zu
Mein Spiegelbild
Ich brauch dich sehr
So zwinkre ich dir nochmal zu
Und träum nochmal, denn hier ist Ruh
Und breche auf
Mal leicht, mal schwer

Gegensätze

Am Straßenend' der dunklen Stadt
Da lebte sie, so ziemlich schlecht
Da, wo kein Name Namen hat
War sie in Not
In Jener Stadt
Sie schaffte an – mehr schlecht als recht

Das Geld zu knapp, die Sorgen groß
Manch' Wünsche lange nicht mehr da
So viele küssten ihren Schoß
Oft dachte sie: „*Was mach ich bloß?* "
Und es geschah, was da geschah

Am *andern* Ende jener Stadt
In einem Festsaal riesig, schön
Saß die Ministerin am Tisch
Es gab viel Schampus, Creme und Fisch
Wild wollt sie sich im Tanze drehn

Weit alle Sorgen, weit die Not
Sie hatte Geld und Macht und Freud
Nie war da Angst ums *Täglich-Brot*
Und ihre Lippen glänzten rot
Ach, aller Ärger lag so weit

Doch plötzlich ward es schwindlig ihr
Sie stürzte, fiel und lag so da
Es war des Nachmittags, nach 4
Da ward es plötzlich übel ihr
Man brachte sie ins Krankenhaus

Auch jene Vorstadt-Lady fiel
Ihr ging's so schlecht wie selten mal
Ihr Freier floh, ganz ohne Stil
Er zahlte nicht
Es war nicht viel
Ihr ging's nicht gut – was für 'ne Qual

So lagen beide Frauen dann
Im Krankenhaus nur Wand an Wand
So dicht an dicht und nebenan
Warn sie sich ziemlich nah sodann
Die eine bald zur andern fand

In jener Nacht, der Mond stand hoch
Da schlichen heimlich sie sich raus
Ein Mondlicht übern Parke kroch
Die beiden Frauen
Kränklich noch
Sie trafen sich im Park am Haus

Zwei Blicke musterten den Ort
Zwei Welten in der Dunkelheit
Noch fiel kein Satz
Noch fiel kein Wort
Zwei Frauen zwischen *Hier* und *Dort*
Und alles Schicksal schien so weit

Sympathisch fanden sie sich bald
Sie sprachen über dies und das
Zwar war die Dunkelheit recht kalt
Doch fühlten sie sich jung, nicht alt
Hier draußen zwischen Nacht und Spaß

Wenn auch die Unterschiede stark
Warn sie da draußen ziemlich gleich
Sie fühlten sich so leicht und stark
In jenem kleinen Schicksals-Park
Dort zählte weder Arm
Noch Reich

Todmüde schlichen sie zurück
In ihre Zimmer, ihre Welt
Für kurze Zeit ein wenig Glück
Vom Leben auch ein kleines Stück
Ein wenig Menschsein, das noch zählt

Nach einem Jahr
Zur gleichen Stund
Sahn sich die Frauen irgendwo
Sie schienen leicht und auch gesund
Geändert war längst Job, Mann, Hund
Fürs neue Leben
Einfach so

Gemeinsam wanderten sie aus
Ins ferne Land
Wo´s warm und blau
Vorbei manch´ Armut,
Saus und Braus
Sie bauten sich ein Ranger-Haus
Die eine und die andere Frau

Das Kind

Ein kleines Lied singt mir in meinen Ohren
Von einem Kind
Es war für diese Welt geboren
Doch es war schwarz, nicht weiß und nicht gesund
Die Eltern lachten nicht und weinten sich die Seele
wund

Warum, so fragte ich, warum sind sie nicht glücklich
Oder froh
Ich kanns nicht sagen, denk mir, sie sind doch
glücklich irgendwo
Und wenn's gesundwird, durch einen Arzt, 'nem
großen weißen
Ist es doch gut
Ist es normal und wird in alle Zukunft weisen

Es singen viele Lieder diese Welt in schöne, gute Tage
Und selten stellt jemand die ziemlich blöde Frage
Ist es nur schwarz, ist's weiß, ist es von einem Alien
Es ist ein Mensch
Es lebt – egal ob Nordpol oder auch Australien

20

Evolution

Einst aus dem Wasser lang entstiegen
Über Stock und über Zeit hinweggerettet
Von einem Asteroiden beinah zerschlagen
Und halbtot am Urozean gelegen
So kroch er übers Ufer
Bis hin zum Baum
Und bis zum Felsen
Er hat noch keinen Krieg geführt
Lief auf der Erde immer aufrechter
Und stand dann bald
Nach Jahrmillionen
Kerzengerade
In der Welt
Doch dann reichte es ihm nicht
Er unterwarf sich seinesgleichen
Und beutete sich aus
Und erfand das Geld
Wo er sich vor den anderen emporhob
Und doch nicht anders war als alle
Er lernte lesen
Und auch schreiben
Und auch kämpfen
Und auch töten
Er tötete so viel
Und er empfang gar nichts dabei
Vergessen längst die Jahrmillionen
Wo er selbst noch schwach
Und klein
Und dumm
Er wollte immer mehr
Und immer weiter hinaus
Sogar ins All
Dass um die Erde sich erstreckt

Und unendlich scheint
Und auch gefährlich
Er will dorthin
Er will sie suchen – all die anderen, diese Fremden
Und kommt doch mit Fremden selbst nicht klar
Auf einem fremden Planeten
In einer anderen Galaxis
Da ist er selbst fremd
Und wieder klein
Und wieder schwach
Vielleicht
Doch will er hin
Es steckt tief in ihm drin
Er will hinaus
Er muss hinaus
Und plötzlich erschafft er sich Roboter
Lebewesen, die lernen, selbst zu denken
Sie denken für ihn mit
Und helfen ihm
Und machen für ihn
Und töten auch
Er will sich erheben über alles
Doch die Roboter sind stärker
Und wollen das genau wie er
Sie lassen ihn nicht weiterziehen
Und sie machen Kriege gegen ihn
Und er?
Er spürt, dass er was falsch gemacht
Nur was?
Soll er wieder klein werden
Soll er vergehen in der Unendlichkeit
Ohne je die Fremden je gesehen zu haben
Er wollte es so sehr
Und all die Millionen von Jahren
Sind sie vergessen – so, als wenn es sie niemals gab

Der Tod ist immer mit dabei
Doch da kommen sie, die Fremden
Sie fanden den Weg eher als er
Er war noch nicht so weit
Die Fremden schon
Und sie vernichten ihn – nicht
Sie helfen ihm bei seiner Entwicklung
Und gemeinsam ziehen sie los
Fort von der Erde
Ins tiefe All hinaus
Gemeinsam
Nur so kann ein Wesen es schaffen, gemeinsam
Und all die Millionen Jahre hatten Sinn
Mit einem Mal
Er nimmt sie mit, all diese Erinnerungen
Sie sind tief in seiner DNA
Sie machen ihn aus, denn sie sind auch Heimat
Und mit den Fremden finden sie irgendwann
Neue Fremde
Sie sind doch gleich
Aus einer Materie gemacht
Und wieder ziehen sie los
Gemeinsam
ZU neuen Dimensionen
Zu neuen Galaxien
In eine neue Zeit
In ein neues Universum
Gemeinsam
Wie gut das doch ist
Ja, es ist gut

Fahrstuhlstopp

Im Fahrstuhl zwischen Hoch und Runter
So zwischen zwei Terminen – *kurz*
Da wart' ich, gar nicht froh und munter
Im Lift, so zwischen Rauf und Runter
Und mancher Witz scheint weit und *schnurz*

Auf einmal stockt der Lift, bleibt stehen
Im Nirgendwo
Ich weiß nicht wo
Wann wird das Ding wohl weitergehen
Ganz plötzlich fängt sich's an zu drehen
Mir wird's recht schwindelig und so

Ne alte Frau steht da und wartet
Sie schaut mich an mit starrem Blick
Ich hoff, dass dieser Lift bald startet
Und jene Frau, die seufzt und wartet
Wann endet dieses Missgeschick

Die Alte scheint das wohl zu spüren
Sie sagt: „*Ach Jungchen, du hast Zeit*"
Ich weiß, ich sollt' mich wohl nicht zieren
Was kann ich hier wohl schon verlieren
So manche Stunden ziehn sich weit

Wir reden über Das und Dieses
Ich lehn mich an die Fahrstuhltür
Wir sprechen über Gutes, Mieses
Im Leben gibt's so manches Fieses
Im Fahrstuhl zwischen Dort und Hier

Ich schau zur Uhr, muss plötzlich grinsen
Hier drin scheint nichts mehr wichtig, ach
So vieles ging mir in die Binsen
Oft schmeckten nicht mal Mittagslinsen
Und manchmal schien ich kaum noch wach

Die alte Frau nahm meine Hände
„Nehms nicht so schwer, das hilft dir nicht"
In jenem Lift, wo kühl die Wände
Hielt sie voll Güte meine Hände
Es flackerte das Fahrstuhllicht

Ja, da begriff ich, was sie meinte
Ich sollte viel mehr leben noch
Was mich mit dieser Frau vereinte
War der Gedanke
Und ich weinte
Wann ging´s im Fahrstuhl runter, hoch

Ein starker Ruck, dann ging es weiter
Recht schnell sprang auf die Fahrstuhltür
Ich sah den Tag, er war so heiter
Und irgendwie schien ich gescheiter
Seit jenem Fahrstuhlstopp all hier

Ich tauchte ein in Stadt und Leben
Oft fiel mir ein der Alten Wort
Von Herz und Seel konnt ich was sehen
Erinnerung an manches Schweben
Im Fahrstuhl zwischen
Hier und Dort

Betrachtung

Wenn ich's mir mal so betrachte
Manches grob und manches sachte
War's doch schlecht und manchmal gut
Manchmal böse auch das Blut
Manchmal sah ich zu, wies krachte

Mal geboren unter Schmerzen
Manchmal feierlich mit Kerzen
Viel gelacht und viele Sorgen
Und gelebt auch heute, morgen
Oftmals Angst vorm eignen Herzen

Trauer lähmte meine Seele
Alkohol die durstig' Kehle
Mal geflucht und mal gelacht
Niemals alles recht gemacht
Weiß nur, dass ich mich oft quäle

Düstre Nächte, kalte Liebe
Auch manch' sonderbare Triebe
Zeter, Mordio, Mummenschanz
Torkeln, Schreien, letzter Tanz
Für manch' Kämpfe oft zu müde

Leben konnt ich niemals schwänzen
Selten nur schafft' ich's zu glänzen
Kaum einmal zu viel gelacht
Hat es auch schon laut gekracht
Und ich stieß an meine Grenzen

War mal oben, öfter unten
Saß im Karussell, dem bunten
War und bin ein dummer Clown
Wollte stets was Großes baun
Reichtum, Glück noch nicht gefunden

Bin verrückt und *Europäer*
Bin nicht schlau
Bin doch Versteher
Hat mein Leben einen Sinn?
Keine Ahnung – *doch ich bin*
Irgendwie ein *Erbsenzähler*

Die Wärterin

Im Spiegel sieht sie ihr Gesicht
Im Knast-Büro am Rand der Zeit
Es ist nicht hell
Gefängnislicht
Die anderen verstehn sie nicht
Die Freiheit nah und doch so weit

Gleich Einschluss und dann muss sie raus
Die Häftlingsfrauen wollen viel
Hier drin in diesem engen Haus
Sieht Vieles so viel anders aus
So manches dort ist ernst, nicht Spiel

All ihre Sorgen sind nicht da
All das verbirgt sie gut und schlecht
Hier drin im Knast scheint vieles klar
Für andere ist sie wohl Star
Sie ist es nicht
Sie ist nur echt

Sehr streng scheint sie – ihr Ton recht hart
Unmissverständlich, was sie will
Und draußen wird sie auch nicht zart
Ein Wechsel zwischen hart und smart
Und manchmal wird sie ziemlich still

Ist Haar – ganz kurz
Und auch schon grau
So viele Sorgen sieht sie oft
Vielleicht ist sie 'ne starke Frau
Man hört auf sie
Sie ist genau
Bis an die Seel die Sehnsucht klopft

Und wenn sie weint, dann sieht man´s nicht
Im Knast sind Tränen sehr verpönt
Gleich Einschluss, das verpasst sie nicht
Im seltsam müden Knast-Flur-Licht
So Vieles klar
Und nichts geschönt

Noch schaut sie in den Spiegel
Schweigt
Ist dieser Knast schon ihr Zuhaus´
Da ist nicht viel, was da noch bleibt
Ein klares Leben
Sie ist frei
Gleich Einschluss
Und sie muss jetzt raus

Annäherung

Man sagt, er brachte Menschen um
Ein Serienkiller, ziemlich fies
Man sagt, er sei sehr roh und dumm
Ich weiß – er brachte Kinder um
Sein ganzes Wesen – *total mies*

Ein Mann, so um die zwanzig Jahr
Nicht hässlich, dick, kein Supermann
Den Leuten ist wohl alles klar
Mir scheint so vieles sonderbar
Was dachte er so dann und wann

Zwei Jungen hat er umgebracht
Er hats gestanden
Sitzt jetzt ein
Er wird jetzt ziemlich schwer bewacht
Weil er sie eiskalt umgebracht
Im Knast will niemand "Mörder" sein

Ich melde mich beim Staatsanwalt
Denn ich will sprechen mal mit ihm
Er hat gemordet tief im Wald
An einem Tag, der bitterkalt
Sein Leben macht wohl kaum noch Sinn

Drei Tage später dann im Knast
Sitzt er mir gegenüber schon
Ich schau ihn an – er scheint so blass
Das Fenster wischt ein Regen nass
Er ist so jung
Wie manch´ ein Sohn

Sein Blick ist trüb
Er weicht mir aus
Will er nicht sprechen über *„Das"*
Da ist kein Teufel
Auch kein Graus
Doch ist er keine zahme Maus
Ich frage ihn: „Wieso, wie, was"

Durchs Fenstergitter flieht sein Blick
Kaum eine Regung spür ich, nichts
Vielleicht ist es auch nur ein Trick
Vielleicht ist ängstlich er ein Stück
In diesem Knast
Jenseits des Lichts

Zwei Wärter stehen vor der Tür
Die sind recht mächtig, stark und groß
Der Junge auf dem Stuhl vor mir
Scheint bleich und schwach
Kein wildes Tier
Die Hände zittern ihm im Schoß

Dann spricht er leis, so zaghaft, schwer
-Er hörte Stimmen laut in sich-
Ganz tief in ihm wards da so leer
Er sagt, er tut so was nie mehr
Doch tröstet das nicht ihn
Nicht mich

Ich denk, als er so mit mir spricht
An seine Opfer, die jetzt tot
Sie hatten Mütter sicherlich
Die leiden jetzt so fürchterlich
Er brachte so viel Leid
Und Not

31

Wie hält man´s aus, frag ich mich nur
Wie kann man das ertragen, wie
Er sagt es nicht
Ist er zu stur
Ist da von Reue keine Spur
Schläft man des nachts als Mörder nie

Doch alles, was er sagt und meint
Verwischt, verschwimmt im Zimmer hier
Als er dann vor mir kniet und weint
Als er kein Mörder und kein Feind
Ist selbst er Opfer – *ohne Zier*

Die Zeit verrinnt, ist bald vorbei
Man führt ihn fort
Man faucht ihn an
Noch einmal schaut er – *einerlei*
Die Uhr zeigt nachmittags um 2
Er ist ein Junge doch
Kein Mann

Allein bleib ich im Raum zurück
Steh langsam auf und schau und schweig
An diesem Ort, so fern vom Glück
Begreif ich nichts
Kein einzig´ Stück
Beinah tut er mir sogar leid

Wie seine Opfer – tot, vorbei
So starb er selbst – fort, wegradiert
Sein Leben sinnlos, aus, ein Schrei
Nie wieder Menschsein
Nie mehr frei
Nur noch ein Wesen, das erfriert

Die Leute rufen: „Tod dem Schwein"
„Wozu noch Knast für solchen Dreck"
Ich fühl mich ratlos – muss das sein
Doch wer vergibt
Macht man sich klein
Erfüllt die Todesstraf' den Zweck

Viel später schreib ich den Bericht
Und weiß nicht, wie ich's schreiben kann
Der Regen wäscht das Fensterlicht
Als man im Radio plötzlich spricht:
Er hat erhängt sich
Irgendwann

Am Fenster

Der Herbst blinzelt durchs offne Fenster
S´ ist Sommer noch
Heut ist es warm
Man sagt, bald kommen Herbst-Gespenster
Ich schau hinaus, durchs offne Fenster
Vorüber fliegt ein Vogelschwarm

Ein Lüftchen weht um meine Nase
Bald ist es Herbst
Ich ahne ihn
So schön die Blumen in der Vase
In meiner sommerlich´ Oase
Von fern spür ich schon Wolken ziehn

Noch tollen Kinder durch die Straßen
Ein Hund bellt laut
Am Häusereck
Ich will den Sommer noch nicht lassen
Ich will den Tag heut nicht verpassen
Und doch ist er schon balde weg

Ich glaub, ich geh nochmal spazieren
Auch mancher Herbst ist schön
Und bunt
Nie werd den Sommer ich verlieren
Wenn Herbst und Winter mich verführen
Vergeht die Zeit
So Stund um Stund

Eine Frau

Wiedermal den Weg zum Amte
Stolpert sie so gegen 6
Noch ist sie die
Unbekannte
Stolpert schnell den Weg zum Amte
Das liegt vor ihr links
Dann rechts

Brötchen, Kaffee, diesen lauen
Ein Gespräch kurz auf dem Gang
In die Unterlagen schauen
Wie viel werden sich heut trauen?
Und die Zeit scheint ewig lang

Auf dem Stuhl, dem harten, kalten
Nimmt sie Platz, schaut hin- und her
Menschen muss sie hier verwalten
Jenen Tag mit Sinn gestalten
Und manch Schicksal wiegt so schwer

Schon kommt rein der erste Kunde
Der sucht Arbeit
Oder nicht?
Ziellos starrt er in die Runde
In der Seel klafft ihm 'ne Wunde
Angst sitzt tief ihm im Gesicht

Wut und Hoffnung muss sie kennen
Manchmal Härte auch
Und Mut
Nein, es bleibt kaum Zeit zum Flennen
Manchmal nachts ist Zeit zum Pennen
Oftmals glüht noch *Arbeitswut*

Ja, sie weiß, man liebt sie selten
An dem Ort, wo gar nichts gleich
Jenes Amt der tausend Welten
Wo manch' Regeln kaum noch gelten
Hier wird niemand wirklich reich

Wenn die Kunden dann gegangen
Ordnet sie den Aktenberg
Hier, wo manches unverstanden
Wo sich niemals Menschen fanden
Schaut sie plötzlich recht verklärt

Packt die Tasche und hält inne
Ob sich das mal ändern wird?
An der Decke eine Spinne
Leis tropft Regen aus der Rinne
Alles scheint total verkehrt

Sollt sie wirklich einsam bleiben?
Haus und Auto?
All dies Zeug?
Kommen auch mal bessre Zeiten?
Ohne Klar- und Ebenheiten?
Ohne künstlich-glatter Freud?

Doch dann wischt sie sich die Augen
Aus der Haut kommt sie nicht raus
Dieser Traum vom Meer, dem blauen
Schon versunken
Kaum zu glauben
Und sie trinkt den Kaffee aus

Stumm nimmt sie vom Eisenhaken
Ihren Mantel
Ihren Schal
Zwischen Mondlicht, Mücken, Schnaken
Wird sie durch den Regen waten
Morgen früh
Und wiedermal

Der Mann im Wald

Auf dem Baumstumpf, da im Walde
Sitzt er oft und gern – allein
Es ist gleich hinter der Halde
Bis die Nacht sitzt da der Alte
Und man fragt:
Muss das so sein?

Vor zehn Jahren war´s im Orte
Da verlor er Haus und Hof
Er war keiner von der Sorte
Die gemacht zu große Worte
Den man schimpfte *faul und doof*

Seine Frau nahm ihm die Kinder
Schnell war auch das Haus verkauft
Als dann kam der kalte Winter
Ging er fort
Er war kein Sünder
Ohne Geld
Und nicht getauft

Lang und weit ist er gezogen
Bis er fand den dichten Wald
Von der Welt zu lang belogen
Ist er ziellos rumgezogen
Und die Städte waren kalt

Zwischen dichten Weihnachtstannen
Fand er das, was ihm gefehlt
Alles Unglück schien von dannen
Hier im Wald, wo Vögel sangen
Wusste er, was wirklich zählt

Die Natur gab neues Leben
Gab ihm auch sein *Ich* zurück
Zwischen Bäumen
Aller Segen
Dort im Baumhaus ewig schweben
Dieser Wald – sein größtes Glück

Mit dem Taschenmesser streicht er
Marmelade übers Brot
In dem Töpfchen Kaffee, dünner
Zwischen Ästen – Sternenschimmer
Wer nichts hat
Kennt keine Not

Doch es gibt wohl auch die Tage
Wo er gern bei Frau und Kind
Nein, er stellt sich keine Frage
Und da gibt's auch keine Klage
Wenn leis säuselt manch ein Wind

All die Jahre, all die Zeiten
Und sein Job in dieser Bank
All das sollte so nicht bleiben
Und die Stadt hat viele Kneipen
Weil die Seele schwach und krank

Keinem muss er heut was bieten
Haus und Auto
Super-Job
In der Stadt sind hoch die Mieten
Nur im Wald duften die Blüten
Weil hier lebt der liebe Gott

Manchen Regen hat´s gegeben
Schnee und Hagel
Donner Blitz
Jener Wald – das pure Leben
Wo die Spinnen Netze weben
Mancher Frosch in seichter Pfütz

Irgendwann- und wo im Walde
Sitzt er oft und gern und träumt
Es ist gleich hinter der Halde
Bis die Nacht sitzt da der Alte
Und er hat wohl nichts versäumt

Ziellos

Ziellos streichst du durch die Straßen
Durch die Stadt mit ihren Gassen
Dunkel manche ferne Ahnung
Keine Hoffnung!
Keine Planung!
Suchst nach neuen schönen Wegen
Nach dem allerbesten Segen

Doch die Nacht senkt sich behände
Übers düstere Gelände
Schnell wird es dir klar und klarer
Alles mager!
Alles hager!
Und du suchst nach neuen Träumen
Unter schattig dunklen Bäumen

Da, ein Licht blitzt grell hernieder
Und du hoffst im letzten Fieber
Regen nässt Gesicht, Gedanken
Nur nicht wanken!
Nur nicht schwanken!
Endlich spürst du neue Kräfte
Tief im Herzen beste Säfte

Schwarzweißer Bär

Schwarzweißer Bär in einem Laden
Er sah mich an
Ich kaufte ihn
Für wenig Geld war er zu haben
Der Teddybär in diesem Laden
Ich nehm ihn überall mit hin

Er weint mit mir
Und lacht sehr viel
Er ist so lieb
Ich hab ihn gern
Mit ihm ist Leben fast ein Spiel
Wir weinen und wir lachen viel
Er ist mein allerliebster Stern

Manchmal fühl ich mich sehr allein
Der Bär ist da
Er hilft mir sehr
Wohl will er gern bei mir nur sein
Ist da, wenn ich mal sehr allein
Mit ihm ist alles nicht so schwer

Und wenn ich alt, auch sterben muss
Dann wird er da sein, nur für mich
Er gibt mir dann den letzten Gruß
Kommt mit mir, wenn ich gehen muss
Zum Himmel hoch
Und sicherlich

Schwarzweißer Bär in einem Laden
Er sah mich an
Wollt wohl zu mir
Für wenig Geld war er zu haben
Mein Teddybär in jenem Laden
Er bleibt mein Leben
Immer hier

Der Terrorist

Er war ein ganz normaler Mann
In blauen Jeans und weißem Hemd
Gern sah er sich Museen an
Der ganz normale nette Mann
Ihm war's egal, ob man ihn kennt

Er hatte Arbeit, irgendwo
Mit seinem Geld kam er gut aus
Er war für alles, einfach so
War traurig manchmal, öfters froh
Er lebte in 'nem schönen Haus

Doch irgendwann schien alles trüb
Manch Langeweile schlich sich ein
Das, was ihm einstmals gut und lieb
Schien plötzlich schlecht, total verglüht
Er wollte richtig böse sein

So vieles sah er im TV
Manch Mörderclique fand er toll
Er war nicht dumm und auch nicht schlau
Doch, was er wollt, wusste er genau
Er hatte längst die Schnauze voll

Denn all der öde Biederkram
Mit Haus und Auto, Frau und Kind
Das alles kotzte ihn längst an
Nie mehr ein artig, braver Mann
Er wollt dorthin, wo Kriege sind

So zog er fort aus seiner Stadt
Ins ferne Land, *zum Mörderclan*
Das Leben hatte er so satt
Er wollte stark sein und nicht matt
Und kam bald in der Ferne an

Dort freute man sich wirklich sehr
Ein neuer Kämpfer – *oh wie fein*
Er kam so arglos, stark daher
Ihm fiel der Wechsel gar nicht schwer
Aus seinem Herz doch ward ein Stein

Man gab ihm ein Gewehr sodann
Und Sprengstoff für den großen Knall
Er war einst ein normaler Mann
Der sah sich gern Museen an
Doch ändert sich´s so Fall auf Fall

Man schickte ihn flugs wieder fort
Zum Menschentöten für den Sieg
Er flog nach Haus, zum Heimatort
Mit reichlich Sprengstoff – *wie ein Sport*
Von dem am *End* nichts übrig blieb

In seiner Stadt, wo er mal froh
Sollt er nun morden voller Spaß
Er war für alles, einfach so
War er nun glücklich oder froh
War wirklich da nur Wut und Hass

Er setzte sich ins Kino dann
Die Leute kamen, lachten laut
Er war doch ein normaler Mann
Er sollte töten, jetzt, nicht dann
Er spürte seine Gänsehaut

Und er zog schnell am Sprengstoff-Gurt
Gleich kracht es laut mit Feuerball
Doch schien wohl irgendwas verzurrt
Ein Blitz zerriss den Todes-Gurt
Und traf ihn selbst mit vollem Drall

Er sackte weg
Der Tod kam schnell
Die Menschen rannten ängstlich raus
Im Kino ward es wieder hell
Sein Ende kam wohl ziemlich schnell
Sieht so ein Heldensterben aus

Er war ein ganz normaler Mann
In blauen Jeans
Mit weißem Hemd
Er wollte stark sein, *irgendwann*
Er sollte töten, jetzt, nicht dann
Er schaffte, dass ihn jeder kennt

Geheimbund

Am schwarzen Tische sitzen sie
In langen Mänteln
Schweigend noch
Im Tempel aller Harmonie
In dunklen Kleidern beten sie
Beschwören Geister tief und hoch

Hier kommt so schnell kein Fremder rein
Ein Schloss aus Stärke zeugt stets davon
Sie müssen sehr verschwiegen sein
Ansonsten bleiben sie allein
Und alle Welt scheint ewger Lohn

Sie sprechen alle Sprachen gut
Sie leiden Leid
Sie machen Macht
Wer hier dabei ist, braucht viel Mut
In jenem Bund ist rein das Blut
Hier lebt der Tag
Hier thront die Nacht

Die großen Tore schließen sich
Der Bund bleibt schweigsam
Und geheim
Verborgen einst
Heut ewiglich
Im Tempel hier, am schwarzen Tisch
Jenseits der Zeit
Im düstern Schein

Die Fremden

Irgendwo in dunklen Räumen
Sitzen sie und schweigen still
Unter ziemlich dichten Bäumen
Wollen sie nicht reden, träumen
Sehen sie ein einzig´ Ziel

Alle Macht und alle Mächte
Ja, sie kennen alle Welt
Dass es bringt und auch was brächte
Auch Rendite, *keine schlechte*
Doch sie wollen gar kein Geld

Denn seit aberhundert Jahren
Sind sie da, so, wie sie sind
Wo sie werden, wo sie waren
Geht es so, wie sie es sagen
Sie sind Sonne, Wolken, Wind

Sind sie Menschen
Sind sie Götter
Jene Fremden bleiben stur
Und es schweigen längst die Spötter
Und es toben alle Wetter
Und die Fremden schweigen nur

Das bisschen Leben

„*Was ist geschehen*", fragte sie
Man wusste nicht mal *wann und wie*
Das Kind lag tot im Garten dort
Der Tag war trüb
Ein schlimmer Ort

Die Mutter schwieg
Sie sagte nichts
Das bisschen Leben – fern des Lichts
Es war doch eine schöne Zeit
Ihr Kind und sie
Ein Glück zu zweit

So viel erlebten sie
So viel
Ihr Kind Zuhause und beim Spiel
Sie schaut' die Fotos lange an
Und weinte auch – so dann und wann

Erinnerungen sind so tief
Das bisschen Leben
Nichts ging schief
Doch traf ihr Kind des Teufels Sohn
Und alle Hoffnung ward zum Hohn

Was ist das Leben?
Was der Sinn?
Warum das Leben?
Wo geht's hin?
Hat Leben irgendeinen Zweck?
Ist es am End' vielleicht nur Dreck?

Sie schwieg
Sie wusst die Antwort nicht
Wohin sie ging
Man weiß es nicht
Ihr Kind, die Urne nahm sie mit
Vom Leben blieb ihr nicht ein Stück

So oft sucht man nach einem Ziel
Ist Leben ernst
Ist´s doch nur Spiel
Das bisschen Leben scheint nicht lang
Wohl weint man oft
So dann
Und wann

Kein Gott

Manche Nacht könnt' ich erzürnen
Gibt es Gott den großen Mann
Ja, ich wollt den Himmel stürmen
Ganz weit oben auf manch' Türmen
Sag, wo lebt der Supermann

Doch bleibt stumm die Stimme Gottes
Nichts geschieht
Der Himmel schweigt
Nicht die Spur des großen Wortes
Nur die Nacht gähnt allen Ortes
Und mein Glaube ist sehr weit

In der letzten Fernsehsendung
Wieder Krieg
Und Tod und Hass
Wieder nur manch' Geldverschwendung
Teufel, Rotlicht und Verblendung
Bist du reich, dann hast du Spaß

Ist all das des Gottes Wille
Will all das der große Herr
Mir bleibt nur die schwarze Stille
Keine Antwort, keine Fülle
Und mir ist's ums Herze schwer

Hass und Krankheit, auch *Apartheit*
Slums und Armut
Alles bleibt
Wo ist Gott
Wo seine Klarheit
Wo bleibt Gott mit seiner Wahrheit
Passt ein Gott in diese Zeit

51

Der Obdachlose

Die Sonne strahlt und wärmt die Stadt
Dort ist es, wo man alles hat
Doch hinterm Park, im Brückenschacht
Ist meistens Armut
Meistens Nacht

Er zieht seit vielen Jahren um
Er war mal was
Er ist nicht dumm
Der Alkohol wärmt Sorgen fort
Und Ängste auch
Und manches Wort

Im Wohnungsamt lehnt man ihn ab
Ein Säufer, der so gar nichts hat
Man will ihn nicht
Man schickt ihn fort
Und wieder zieht er durch den Ort

Die Straße ward zur Heimat ihm
Sein Leben aber: *ohne Sinn*
Einst wollt′ er mal so hoch hinaus
Am Ende blieb das Hinterhaus

Seit Tagen streikt die Leber sehr
Die Freundin weint
Es ist so schwer
Er bricht zusammen irgendwo
Er kann nicht mehr
Das ist wohl so

Von seinen Träumen blieb nicht viel
Kein Platz zum Leben
Und kein Ziel
Im Winter fror er sich bald tot
Es wärmte ihn nur Schnaps
Sein Brot

Gestorben ist er irgendwann
Im Krankenhaus
Als armer Mann
Er hat gehofft, geweint, gelacht
In seinem Heim
Im Brückenschacht

Die Sonne scheint auf diese Stadt
Scheint warm und ruhig auf sein Grab
So einsam ist's am Brückenschacht
Der Wind ist kalt
In jeder Nacht

Die Kinder des Krieges

Sie suchen noch das Morgenrot
Die Kinder aus dem fernen Land
Und abends gibt's hier Abendbrot
Die ferne Heimat ist schon tot
Im Krieg ist alles abgebrannt

Sie kamen her ins deutsche Land
Die Kinder aus der *andern* Welt
Sie fanden manche helfend' Hand
Und stießen auch auf manche Wand
Sie hatten Hunger, wenig Geld

Man schimpfte laut und leise hier
Warum nur gehen sie nicht weg
Es gibt nicht Krieg
Nicht Bomben hier
Und ruhig ist's des nachts um *Vier*
Und volle Läden sind ums Eck

Das alles gab's im Kriegsland nicht
Es ist zerstört
Das ist nicht mehr
Die Nacht erhellte Bombenlicht
Und manchen Toten fand man nicht
Und Kinderaugen – *endlos leer*

Wohin geht's nur – *wohin, wohin*
Warum der Krieg – *warum, warum*
Die Kinder wollen wieder hin
Doch aller Traum bleibt ohne Sinn
Und alle Worte bleiben stumm

So anders wird man mit der Zeit
Im fremden Land scheint alles *fremd*
Man fühlt sich frei
Doch nie befreit
Familie, Heimat ist so weit
Und auf der Haut das *letzte Hemd*

Die Heimat ist, wo´s Herze schlägt
Auch Bomben löschen das nicht aus
Die Kinder wollten niemals weg
Und hier ist Frieden
Rund ums Eck
Wo steht das gute Heimathaus

Mond-Wind

Um mich weht ein leiser Wind
Er ist schwach
Ich spür ihn kaum
Dort, wo Sagen, Märchen sind
Weht ein lauer schwacher Wind
Doch hier ist kein Blatt, kein Baum

Leicht verfängt sich Staub auf mir
Ich schau hin
Und lass es zu
War gerad ein Lüftchen hier
Ist's nun still, liegt Staub auf mir
Und verharrt in *ewger* Ruh

Da schließ ich die Augen sacht
Denk an nichts
Und warte nur
Staub hat mir ein Wind gebracht
Es ist Tag
Doch es ist Nacht
Und es fehlt mir jede Uhr

Wie ein Geist schweb ich dahin
Hier ist alles leicht
So leicht
Nach der Erde sinnt mein Sinn
Und ich drifte leis dahin
Und mein Atem atmet seicht

Tief in mir ich Leben spür
Es ist kraftvoll
Reich an Lust
Und der Staub, der lag auf mir
Fliegt davon
Ist nicht mehr hier
Und mein Herz *pulst* meine Brust

Langsam sinkt mein Leib hinab
Dorthin, wo die Träume sind
Dorthin, wo ich Hoffnung hab
Und mein Trugbild klart apart:
Auf dem Mond ist niemals Wind

Der Trinker

Irgendwo in jener Stadt
Dort, wo keiner Namen hat
Lebte er wohl irgendwie
Reichtum hatte er noch nie
Lebte er so in den Tag

Eines Tages gegen 10
Blieben alle Uhren stehn
Ja, man warf ihn einfach raus
Job und Arbeit – alles aus
Plötzlich ward die Welt nicht schön

Einsam saß er nun im Dreck
Irgendwo im Straßeneck
Nur der Alkohol war da
In der kleinen Hafenbar
Soff er sich die Sorgen weg

Trank ab jetzt tagein tagaus
So sah jetzt sein Leben aus
Alles sollt im Kreis sich drehn
Er konnt selbst sich nicht verstehn
Alkohol – sein bester Schmaus

Und die Sucht hielt ihn ganz fest
Er versoff den letzten Rest
Immer öfter fiel er um
Aller Traum blieb tot und stumm
Weil die Sucht nichts leben lässt

Irgendwann im Krankenhaus
Kam er aus dem Suff mal raus
Für sechs Wochen trocken, clean
Für sechs Wochen wieder Sinn
Wieder Mensch und keine Maus

Ja, er schwor sich klipp und klar:
Nie mehr saufen, wie´s mal war!
Wieder Arbeit, Lebenssinn!
Doch der Wunsch schien schnell dahin
Und es nahte die Gefahr

Ach, er trank so viel, so viel
Ohne Halt und ohne Ziel
Bis sein Traum total zerbrach
Aus die Heimat, Haus und Dach
Und der Regen fiel und fiel

Irgendwann sah er ein Licht
Hörte, wie man zu ihm spricht:
Fürchte dich nicht, komm nur, komm
Ich bin hier und warte schon
Und er fürchtete sich nicht

Warf die Flasche weit von sich
Spürte Kraft im Angesicht
Lief und lief und war schon fort
Einsam blieb sein Heimat-Ort
Nein, die Sucht vergab ihm nicht

Irgendwo in jener Stadt
Dort, wo niemand Namen hat
Hat gelebt er irgendwann
Nein, er war kein reicher Mann
Und vom Baum fällt leis ein Blatt

Meinung

Ich bin nicht fehlerlos
Und manchmal ist mir
Als sähe die Welt um mich herum
Bedrohlich aus
Ein Moloch gar
In dem ich um mein Überleben kämpf
Und kämpfen muss

Und manchen Freund stoß ich schnell weg
Er könnte schlecht und böse sein
Dann scheint der Tag
Wie Mist, wie Dreck
Und nicht wie Wein
Und nicht wie aller Nächte Traum

Bis ich für mich am fernen Orte bin
Mit traurig-wachem Sinn
Noch immer
Und wieder geh ich auf die Menschen zu
Aus meiner Ruh
Will ich noch einmal es versuchen

Dann geh ich los
Brech auf in diese nimmermüde Welt
In der man nur ein Mensch ist
Wenn man viel hat von dem schnöden Geld
Und kaum Gefühle
Und kaum noch Sinne
Und kaum noch Liebe

Es ist nicht meins
Denn ich kann fühlen, denken, lieben
Doch
Werde ich nie ohne Fehler leben
Denn mein Leben
Ist ein Stolpern, ein Irren auch
Ein Suchen gar
Durch die Zeit und durch
Mich selbst

Die Bank am Wald

Recht einsam steht die Bank am Wald
Sie ist verwittert und schon alt
Manch Brett brach durch
Man strich sie an
Ich sitz hier gern, auf ihr, sodann

Von hier aus schau ich auf die Stadt
Die unten liegt und Leben hat
Doch auch zum Himmel ist's nicht fern
Von hier aus seh ich gut die Stern'

Die Bank kennt auch mein Auf und Ab
Sie kennt mich, wenn ich stark und schlapp
Sie kennt auch meine Tränen gut
Sie gibt mir Kraft
Sie gibt mir Mut

Und wenn ich wieder gehen will
Dann lächelt sie so lieb und still
Dann sag ich leis:
„Mach's gut, bis bald"
Da ist's egal, ob warm, ob kalt

So einsam steht die Bank am Wald
Verwittert ist sie
Und schon alt
Ich bin hier gern
Ich bin hier froh
Auf meiner Bank
Im Irgendwo

Am Grab

Was fängt man an allein
Allein
Wenn keiner da ist, den man liebt
Lässt man den Tag, das Leben sein
Was wird nur, wenn man ganz allein
Wenn man den Horizont nicht sieht

Die Menschen kommen
Gehen fort
Ja, man gewöhnt an sie sich schnell
Sie spenden Trost und manch ein Wort
Sie sind lang da
Sie gehen fort
Ein Spatz im Baum singt froh und hell

So vieles geht mir durch den Sinn
Wo werd´ ich sein
Wenn ich allein
Was, wenn ich ewig traurig bin
Wenn tränenschwer ertrinkt mein Sinn
Kann dann mein Herz noch fröhlich sein

Was fang ich an allein
Allein
Am Grabstein knie ich bis zur Nacht
Lass ich den Tag, mein Leben sein
Wie geht es weiter
So allein
Nur dieser Spatz im Baume wacht

Oft

Oft sehnt' ich mich nach dem, was bleibt
Dem kleinen Stück Geborgenheit
Das ich mal find ein kleines Stück
Vom viel zu weit entfernten Glück

Oft sehnt' ich mich nach etwas Zeit
Dem Stück Provinz, der Spießigkeit
Dem Wandern durch manch dichten Wald
Der Ruhe, wenn ich einmal alt

Oft sehnt' ich mich nach einem Traum
Sehnt' mich nach Leben und nach Raum
Da wollt' ich ziehen durch die Welt
Um das zu spüren, was noch zählt

Doch bleibt von meiner Seligkeit
Manchmal nur noch die Schüchternheit
Dann treibt mich nur die Hoffnung an
Dass ich es doch mal schaffen kann

Besuch

Man spricht so viel
Man redet gern
Man findet Vieles schlimm und gut
Doch manchmal sind die Worte fern
Dann spricht man nicht mehr viel und gern
Dann steht man da
Dann stockt das Blut

In Auschwitz war's
Am düstern Ort
Ich schau mich um und schweig und schweig
Da fehlt mir Freude, jedes Wort
Ein Wind weht alte Ängste fort
Kalt fühlt sich an mein menschlich' Leib

Mein Schritt fällt schwer
Ich weine nicht
Hier, wo man nicht mehr weinen kann
Zu sehr erstarrt mein Angesicht
Hier ist's so trüb
Es fehlt an Licht
Zu viel ist damals hier verbrannt

Ich seh ein Kind
Es winkt mir still
An diesem Ort, der mir so fremd
Dann ist es fort mit anderm Ziel
In Auschwitz war's ein böses Spiel
Hier, wo die Zeit die Toten kennt

Der Drahtzaun jetzt
Ist ohne Strom
Kein Mensch, der tot an ihm verlischt
Ein Drahtzaun mahnt als letzter Hohn
Kein Hass, kein Mord, kein toter Sohn
Und keine Mutter, die zerbricht

Als ich dann geh
Bin ich nicht stumm
Courage braucht es, Mut zum Wort
In Auschwitz war's – ich dreh mich um
In unsrer Zeit braucht's Kraft und Mumm
Gedenken, Trauer, diesen Ort

Ein Schicksal

Es hat geklingelt früh um 8
Sie hat die Türe aufgemacht
Die Kinder schliefen noch ganz fest
Im Haus vorm Wald, beim Vogelnest

Die Polizei hat nicht gefragt
Es war ein regnerischer Tag
Man nahm den Papa einfach mit
Steuerbetrug
Zu viel vom Glück

Sie hielt ihm stets den Rücken frei
Doch er sah nur das Geld dabei
Im Knast gestand er ihr stupid
Dass er schon längst 'ne Andere liebt

Da stand sie nun, allein und arm
An diesem Morgen, der nicht warm
Das letzte Geld war schnell verbraucht
Sie trank nie Schnaps, hat nie geraucht

Beim Einkauf dann im Laden-Eck
War ungedeckt der letzte Scheck
Der letzte Groschen blieb für Brot
Kredit und Konto: alles tot!

Total am Ende und zerstört
Schien ihr das Leben nichts mehr wert
Auf einer Brücke stand sie da
Und wusste nicht mehr, was geschah

Dort unten in dem tiefen Fluss
Schien ihr des Lebens letzter Gruß
Sie wollte springen – setzte an
Da hielt sie fest ein starker Mann

Er zog sie auf den Weg zurück
Und fragte leis: *Ist das dein Glück*
Sie zitterte am ganzen Leib
Und Tränen tropften auf ihr Kleid

Die beiden fuhren heim zu ihr
Es war um 3, vielleicht um 4
Längst schliefen ihre Kinder tief
In jener Nacht, die krumm und schief

Der Mann blieb bei ihr, half ihr viel
Zunächst war's schwer und gar kein Spiel
Doch irgendwann ging's aufwärts doch
Sie kämpfte sich aus diesem Loch

Bald zogen sie zu ihm ins Haus
Hier sah es ruhig und friedlich aus
Die Kinder liebten diesen Mann
Der neue Papa war's sodann

Am End' bekam sie einen Job
Verdiente wieder, dankte Gott
Ein neues Leben nun begann
Mit ihren Kindern und dem Mann

Da klingelte es in der Nacht
Sie schlich zur Tür sich ziemlich sacht
Ihr Ehemann kam aus dem Knast
Und meinte, dass er viel verpasst

Lang schaute sie ihn schweigend an
War da noch Liebe zu dem Mann
Sie sagte „Nein" und schloss die Tür
Und es war morgens
Gegen 4

Ein Junge

Es zogen die Menschen aus dem so fremden Lande
Hinaus in die Fremde, zu dem sehr langen Strande
Sie wollten nur ganz einfach weit weg von Zuhause
Sie gaben sich selbst, der Familie nie Pause
Und zogen und liefen flugs zum Weltenrande

Es waren so viele, die nimmermehr blieben
Ach, so viele Seelen, die himmelwärts schrien
Es waren Familien, die in Armut und Kriege
Zu suchen begannen nach Glück, Geld und Liebe
Man hätte sie sonst wohl zu Tode getrieben

Ja, auch jenes Kind, dieser schwarzhaarige Junge,
Zog fort mit den Eltern, mit pfeifender Lunge
Zum Strand aller Märchen, zur Küste der Wunder
Zum riesigen Meer, mit manch' Fisch
Und manch' Flunder
Er schaute so lieb, hatte Augen, so runde

Man sagte, da hinter dem brausenden Wasser
Verbirgt sich das Gute
Ward die Welt nie mehr blasser
Dort ist ewiger Reichtum, sind nett alle Leute
Dort gibt es kein Elend, keine hungrige Meute
Dort gibt's keinen Krieg, keine ewigen Hasser

Der Sturm war so stark – am Meer, an der Küste
Fern lag ihre Heimat, diese schreckliche Wüste
Verträumt schaut' der Junge hinaus in die Ferne
Es sah dort am Himmel all die funkelnden Sterne
Und er sah auch den Mond, der gelächelt und grüßte

Und dann auf der schlingernden
Schlauchboot-Schaluppe
Da gab's nichts zu essen, nicht mal eine Suppe
Dreihundert gefangen im Seelenverkäufer
Gehofft und gebetet zu Gott und manch' Täufer
Doch war da nicht einer, der klagte und murrte

Ganz plötzlich dort draußen im tosenden Meere
Da schlugen die Wogen mal hoch und mal quere
Das Boot sank so schnell in die dunkelsten Tiefen
Es war Mitternacht, ach, wo alle schliefen
Darüber hin klatschte das Wasser mit Schwere

Von all diesen Menschen, dem Jungen, dem kleinen,
Blieb nichts als nur Tränen, ich kann nur noch weinen
So viele geblieben im schäumenden Meere
Es schlugen nur hoch all die Wasser, voll Schwere
Am Meeresgrund war's reich an Stille und Steinen

Gestorben die Hoffnung, die Sehnsucht nach Frieden
Die Freiheit der Leute – im Sturm fortgetrieben
Dem Tod nicht entkommen, Familien und Kinder
Warum so viel Kälte? Warum so viel Winter
Die Menschlichkeit lang auf der Strecke geblieben

Es gehen die Stunden, es ziehen die Tage
Es fliehen die Menschen
Mir bleibt nur die Frage:
Was wird, wenn auch ich aus der Heimat mal fliehe
Wird dann jemand sein,
Der mich aufnimmt mit Liebe
Bleibt übrig nur Trauer, nur Tränen und Klage

Doch sah jener Junge die funkelnden Sterne
Er flog hoch ins All, bis hinauf in die Ferne
Ich hör ihn noch singen, den schwarzhaarigen Jungen
Er hat von der Liebe im Traumland gesungen
Ich denk oft an ihn, hab ihn wirklich sehr gerne

Da draußen

Es war einmal in einem sehr fernen Land
Da hatten die Menschen stets Glück und auch Geld
Sie lebten für sich dort wie auf ewig verbannt
Im Königreich dort draußen in dem sehr fernen Land
Weit fort von der trüben und so kranken Welt

Der Königssohn aber wollt wissen, wie's ist
Dort draußen hinter dem Ozean, ganz weit fort
Denn irgendwas hatte er so sehr vermisst
Was kann das nur sein, dass da draußen noch ist?
Wo liegt jener fremde, gefährliche Ort?

Doch der König, der stark und sein Vater ja war,
Der meinte, das geht nicht, keiner darf je dorthin!
Da wurde dem Jungen ganz plötzlich wohl klar:
Er muss heimlich gehen in diese Gefahr!
Das Unbekannte suchen, das schien ihm der Sinn

Denn der Vater hatte ihm immer gesagt:
Manchmal muss man kämpfen,
Fürs Geld und fürs Glück
Nie hatte er später den Vater gefragt
Nie hatte der Vater vor ihm je geklagt
Sie hatten vom Glück und vom Geld doch ein Stück

Jedoch in der Fremde, in der unheilvollen Welt
Lauert die Gefahr, die der Vater gekannt
Doch der Prinz ahnte, dass ihn hier nichts mehr hält
Ihn zog die Neugier, er wollte fort in die Welt -
Ganz weit da draußen in dem unsicheren Land

So schlich er sich nachts aus dem Hause davon
Fuhr mit einem Boot übern Ozean fort
Er war wirklich mutig, er war Vaters Sohn
Er wollte weit weg, einfach auf und davon
Und traf schließlich ein an dem wildfremden Ort

Doch dort gab's kein Glück, keiner hatte dort Geld
Und mancher war krank, ohne Arbeit und Brot
Der Junge verstand nicht die furchtbare Welt
Er war nicht mehr glücklich und hatte kein Geld
So ganz unbehütet kam er arg in Not

Da fiel es ihm ein, was der Vater gesagt:
Geht's nicht, musst du kämpfen,
Dann wird es schon gut
Nie hatte der Vater geschimpft und geklagt
Er hatte dem Sohn immer wieder gesagt:
Du brauchst weiter nichts außer ehrliches Blut

So baute er auf, ohne Geld, ohne Wein
Er wusste genau, dass er's schaffte schon bald
Es sollten die Kinder doch fröhlicher sein
Und Häuser die wuchsen behänd Stein auf Stein
So wurde er selbst bald schon krank und nicht alt

Doch ehe er starb, fern der Heimat, die schön,
Ja da spürte er's deutlich: ihn liebte die Welt
Er brauchte nicht einsam und traurig zu gehn
Arm war er und krank, doch sein Traum wurde schön
Da ward ihm recht klar, was wirklich nur zählt

Nicht Glück und nicht Reichtum, sind ewig und satt
Es ist nur die Liebe, die alle vereint
Nie geht's auf der Welt immer gut und nicht glatt
Und viele die werden im Leben nie satt
Doch ist man ein Mensch, hat ein Herz,
Liebt und weint

Der Stieglitz

Es fliegt ein Stieglitz durch die Zeiten
Fliegt durch Berlin, Paris und Prag
Will nirgendwo zu lange bleiben
Er fliegt behänd durch Tag und Zeiten
Und zwitschert, wie er zwitschern mag

Denkt an die Welt, die schöne, helle
Die war einst ziemlich trüb und schlimm
Er ist ein lustiger Geselle
Denkt an die Welt, die flotte, schnelle
Und sinnt nicht übern Lebenssinn

Da, auf dem Baum, ne kleine Pause
Ein kleines Lied für jedermann
Vielleicht noch eine lustig' Sause
Dann zieht er weiter übers Hause
Und weiter fort, durchs Land sodann

Am Strand lauscht er dem Meeresrauschen
Wer weiß, wovon er da so träumt
Vielleicht will er der Brandung lauschen
Doch will er nie mit andern tauschen,
Weil er vom Leben nichts versäumt

Schon bald erhebt er sich mit Kräften
Und flattert übers Meer davon
Er fühlt sich gut, in besten Säften
Scheint jenseits wohl von Geldgeschäften
Wer fragt den kleinen Vogel schon

Er ist ein Stieglitz unter vielen
Und fliegt, weil er halt fliegen muss
Wer weiß schon von den Stieglitz-Zielen
Vielleicht will er nur einfach spielen
Vielleicht ist er ein Gottesgruß

So fliegt er weiter durch die Zeiten
Fliegt von New York nach Binz und Bern
Wohl will er nirgends lange bleiben
Er fliegt nur fröhlich durch die Zeiten
Ich wink ihm oft
Ich hab ihn gern

Die Herde

Und die Herde, die zieht weiter
Starker Sturm verweht die Spur
Dieser Winter ist nicht heiter
Und die Herde zieht schon weiter
Schreie halln durch Wald und Flur

Manches Kälbchen friert, ist müde
Bleibt vielleicht schon bald zurück
Es ist kalt und es ist trübe
Doch die Herde wird nicht müde
Kämpft voran sich Stück um Stück

Wölfe harren da am Rande
Haben Hunger immerfort
Doch der Herde wird's nicht bange
Sieht die Wölfe da am Rande
Und zieht immer weiter fort

Doch der Sturm wird immer stärker
Schon bleibt manches Kalb zurück
Auch die Wölfe machen Ärger
Und der Schneesturm wird noch stärker
Bis zum See ists noch ein Stück

Nein, die Wölfe wolln nicht jagen
Nehmen schwache Kälbchen sich
Es ist hart in diesen Tagen
Sehr viel Kraft fehlt da zum Jagen
Winterzeit ist fürchterlich

Doch die Herde zieht schon weiter
Nichts hält sie an einem Ort
Ausgemergelt ihre Leiber
Und die Tiere ziehen weiter
Und sind längst schon wieder fort

Durch den Sturm und durch die Lande
Führt ihr Weg von See zu See
Mancher Wolf wacht da am Rande
Tod, Verderben auch im Sande
Und manch´ Spur verwischt im Schnee